A Cave in the Desert: Nahal Hemar
9,000-year-old-finds

Ofer Bar-Yosef

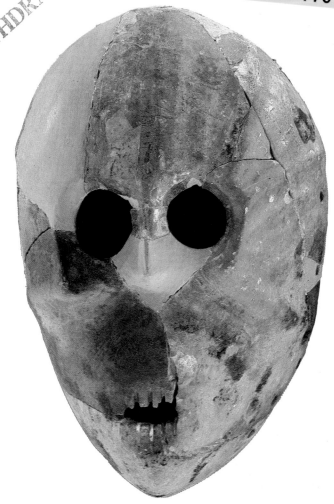

The restoration work in the Israel Museum laboratories, the exhibition and the catalogue were made possible through the generosity of Baroness Gaby Bentinck, Mrs. Ruhama Levy and Mr. José Fichmann.

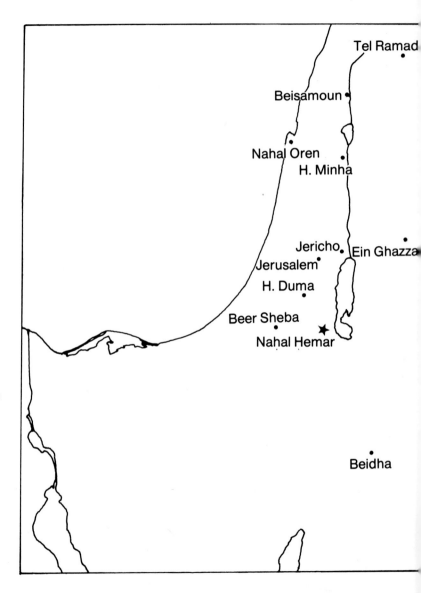

Curator in Charge: Dr. Tamar Noy, Curator of Prehistoric Periods
Catalogue Design: Ora Yafeh
Exhibition Design: Elisheva Yarhi.

Translated from the Hebrew by Inna Pommerantz, Jerusalem
Photographs: Nahum Slapak
Drawings: Florica Vainer, T. Mazzola, Jerusalem
Mechanicals: Riki Kibel

Typesetting: Ahva Press Ltd., Jerusalem
Colour Separations: Reprocolor Ltd., Tel Aviv
Plates: Tafsar Ltd., Jerusalem
Printed by Hamakor Press, Jerusalem

Cat. No. 258, Spring 1985

Foreword

The Judean Desert has again produced a surprising and most important contribution to the study of man's material and spiritual culture in Eretz-Israel and beyond. This particular discovery pertains to the Neolithic period. The existence side by side of the mountainous desert landscape with its numerous caverns and caves, and the fertile area watered by many springs, created the conditions necessary both for the development of this particular culture and for the preservation of its remains. Ever since the forties of this century the Judean Desert has yielded some of its secrets, giving us the Dead Sea Scrolls, those documents written about 2000 years ago by inhabitants of this region who were members of a society devoted to a distinctive religious, social and national ideology. The sixties brought new discoveries. A cave in Naḥal Ḥever, the "Cave of Letters", contained a cache dating from the 2nd. century CE of private and public documents, as well as many significant and rare objects. In another cave, the "Cave of the Treasure" in Naḥal Mishmar, Chalcolithic remains (fourth millennium BCE) were discovered, including the treasure which gave the cave its name. This consisted of over 400 ceremonial objects, almost all of copper, found wrapped in a mat, including mace heads, richly decorated standards and crowns of remarkable workmanship. In both caves, which served as makeshift dwellings and places of refuge, the objects were found wrapped and packed into baskets, mats and hides. Human skulls were also placed in baskets made of rushes and a human burial was found covered by a mat. Preserved in the dark and dry caves, these and other objects give us some insight into the daily life and religious practices of that time.

Now, twenty-five years later, another very important discovery has been made, whose interpretation will "shed light on unknown aspects of the Neolithic period". Sites of this period are scattered over an area ranging from the Euphrates in the north to Sinai in the south.

The Naḥal Ḥemar cave is situated at the junction of the Judean mountains and the hillcountry of the northern Negev, an area where up to the present no Neolithic sites have been found, although both north and south of it many such sites are known. Therefore, it is reasonable to assume that it served as an area of transit between north and south. The asphalt found on some of the objects points to a connection with its source near the mouths of the dry river-courses in the Dead Sea basin. One of these is the Naḥal Ḥemar, which takes its name from the asphalt (ḥemar) welling up in it near its issue into the Dead Sea. The width of the river-bed near the cave indicates a considerable water flow in the past, perhaps even in the period when the cave was in use, which is known to have been a humid period.

The most important group for the identification of the assemblage as one of religious-cultic significance are the artistic objects — the decorated skulls, the masks, the fragmentary human statue, the figurines of human heads and the animal figurine. In many tribal societies figurines and masks perform many functions of a cultic character. Each object in our group is not a new feature in Neolithic cultic assemblages, with the exception of the figurines of human heads. However, this is the first time that all the components of such assemblages have been found together. Plastered skulls have been found from Damascus in the north to the southern Jordan Valley in the sout (Tell Ramad, Beisamun, Jericho and Ein Ghazzal). Large human clay statues are known only from the southern Jordan Valley (Jericho and Ein Ghazzal), while masks have been found only in the Hebron area. Stone animal figurines have been discovered both in the north and in the south (Beisamun and Rabud). The small figurines of human heads made of carved and painted bone are a new feature.

Naḥal Ḥemar canyon ▷

Each item in the group has its unique elements. For instance, the complete skull decorated with asphalt on the top and back of the head is not known from any other Neolithic site. Clay was used to model the face on all the other skulls known. The significance of the clay has been the subject of much speculation and the question now arises whether the asphalt had a similar significance.

The preservation of the paint contributes another, insufficiently known dimension, such as, for example, the distinctive pattern painted on the stone mask and the use of paint on the head figurines and on other objects. In tribal societies, paint has a variety of functions. For instance, the first covering of a newborn is painted ornamentation. In many ceremonies the paint is used not only as a splendid decoration, but is a symbol of religious and magic significance.

The second group of objects, consisting of hundreds of items, comprises the basketwork (baskets, mats, containers etc.) and the textiles. These are the objects which suffered the greatest damage. Not only are these objects a new element among prehistoric finds, including those of the Neolithic period, but their great quantity and range are of special importance, as most of the previously available evidence consists mainly of impressions in clay of basketry and textiles. The material from Naḥal Ḥemar will provide much information concerning the crafts of that period, including the plants used as raw materials, the use of rushes and cordage to make containers and other objects, and especially the previously unknown technique of using cordage as a framework for various containers, including small boxes, which were subsequently coated with asphalt or clay.

The skill evident in the basketry and the textiles, as well as the range of techniques, may perhaps indicate that these crafts were beginning to be practised even before the Neolithic period. No doubt the people living in this area for many generations learned to know the plants and to use them for their essential needs while wandering or sojourning in temporary camp sites.

An important innovation appearing in this period is the use of flax for producing spun and plied yarns for weaving delicate textiles. The growing of flax in our region is a subject which has not been investigated, but since flax grows near water, it may well be that it grew near the springs along the Jordan Rift-Valley. The delicacy of the textiles and the attention given to shape and detail are consistent with the special character of the finds in the cave.

Most of the bone objects are probably tools used in weaving and basketry. Many are well made and well preserved and perhaps it can be tentatively suggested that they were connected directly or indirectly to the crafts accompanying various ceremonies.

One of the surprising finds were the beads, which are impressive in size and beauty, especially the wooden and clay beads. These were almost unknown until now, although both wood and clay were easily available and such beads were popular ornaments in many cultures. Threads have been preserved in some of the beads, enabling us to study the nature of the thread, the way it was knotted and how the beads were strung together.

The seashells also form a group outstanding in quantity and range, the like of which has not been found until now in excavations. The frequency of the cowrie shells in the group confirms that this shell began to appear in the Neolithic period. Some of the shells were used as ornaments, on the

evidence of the threads still attached to them. This use of shells is also new among archaeological finds, although it is very common among many cultures all over the world.

Among the other objects we shall mention the wooden tools and the flint implements. Most of the wooden tools were previously unknown, with the exception of some found at a few sites, especially Çatal Hüyük in Anatolia and the Fayum in Egypt. Although it is very probable that man used branches, twigs or parts of other plants growing in his vicinity for various purposes since earliest times, very few have been found in excavations, since wood is a perishable material. For this reason, the wooden objects from the cave are specially important.

Two main forms, the knives and the blades with transversal notches, are represented among the flint implements. These forms are rarely found on Neolithic sites. The fact that such knives, which have been found on other sites, though rarely, are made of flint of a special colour, may indicate that they were intended for special purposes.

The decision to hold this exhibition before the study of the material had been completed and before publication was taken because of the great importance of these finds. However, though it sheds new light on the Neolithic period, this discovery also raises many questions, especially concerning the interpretation of the assemblage and of the place where it was found.

I should like to express my sincere gratitude to Prof. O. Bar-Yosef and to the Department of Antiquities and Museums who made the material available to the Museum for exhibition. The display is specially adapted so as to provide maximum protection for the fragile objects. I wish to take this opportunity of thanking the staff of all the laboratories who worked devotedly on the preservation of the material and its preparation for display, Irene Sala, for her concern and help, Norbert Schimmel, for his loving interest in our work, Mrs. Ruhama Levy for her generous contribution to the work of the laboratories and Baroness Gaby Bentinck and Mr. José Fichmann whose special contribution made this exhibition and catalogue possible. Last but not least, my thanks are extended to David Alon and Id et-Turi, who took us to the cave, led us to the place where the naḥal issues into the Dead Sea basin and made us aware of the special magic of the landscape.

Tamar Noy

Bundle of reeds bound with string

The Naḥal Ḥemar Cave

The Neolithic (New Stone Age) was undoubtedly one of the principal periods which shaped human history. During a few centuries, a society whose way of life was based on hunting and food gathering, evolved into an agricultural society deriving its sustenance from cultivating cereals and legumes as well as from hunting wild animals and later, also from herding sheep and goats. Some of the small groups of people, most of whom had been nomadic and only a few sedentary, coalesced into larger groupings of settlers who continued to exploit the resources of their immediate environment and who even managed, through their family ramifications, to carry on an active barter trade. These social and economic changes are also known as the "Neolithic revolution", a term coined by Gordon Childe in the twenties of this century. Other scholars prefer to view the transition from hunting and food-gathering to food production as the "agricultural revolution". Still others consider the use of the term "revolution" inappropriate to explain these events. However, there are no differences of opinion concerning the fact that after two million years in the development of human society a substantive change occurred. This change left its mark on the socio-economic system which crystallized about 8000 BCE and which lasted until the eve of the "industrial revolution".

Although the substance of the events and the pace at which they developed during the Neolithic period are fairly well known through the numerous excavations carried out in our area, every new discovery provides new insights into the technical and spiritual achievements of the people in that period. The archaeological evidence from sites such as Jericho, Naḥal Oren, Ḥ. Minḥa, Beisamun and others reveals the development of the agricultural settlements (and those of the food-gatherers which continued to exist in the arid regions), the changes in the plan of the houses and their construction and in the preparation of food (reflected, for instance, in the number of grinding and pounding tools), as well as innovations and improvements in making flint implements, etc. Fortunately, all these changes and innovations involved the use of non-perishable materials. Little has survived of the wooden tools, baskets, containers, textiles and the like, which certainly formed part of the objects in daily use (including art objects and ornaments). At Çatal Hüyük in Anatolia, for instance, such remains have been found dating from about 6000 BCE and fewer items, mostly impressions in clay of mat or basket fragments, have been discovered at other sites (Jericho, Beidha). Thus, the finds from the Naḥal Ḥemar cave shed some light on the less known aspects of the Neolithic period.

The cave and the excavations

The cave, which is situated on the right-hand bank of the naḥal (dry river course), about 250 m above sea-level, is a small space (about 4 x 8 m) created in the limestone rock by karstic activity. An asymmetrical chamber was formed along some fissures, with wider fissures in the roof and the northern edges branching off from the chamber. A stalagmitic crust on the north wall resulted from dripping water during the period when the cave was drying. Great boulders of stone fell from the ceiling, causing confusion in the cave, whose narrow opening admits only a faint light. Since no sunlight penetrated into the cave and the temperature in it was constant, many organic remains were preserved. No wonder that this cave, like many others in the Judean Desert, aroused the interest of Beduins searching for Dead Sea Scrolls, especially in the early sixties. They dug and burrowed at the entrance to the cave along about 3–4 m between the wall and the first blocks of stone, but gave up when they found nothing.

The Naḥal Ḥemar cave* was rediscovered in the winter of 1983 by D. Alon and I. et-Turi from the Department of Antiquities and the Archaeological Survey of Israel. Soundings in the cave along the west wall yielded many finds (skulls coated with asphalt, fragments of stone masks, flint knives, thread and ropes in considerable quantities, remains of containers made of cordage and coated with asphalt, etc.). Additional excavations undertaken in the summer of the same year and directed by O. Bar-Yosef and D. Alon on behalf of the Department of Antiquities and Museums, clarified the complex stratification of the site.

The stratification

The excavations showed that the complete stratification was represented in the northern part of the cave, where a totally dark corner remained undisturbed. The four main strata are described below from the top down:

Stratum 1 contained dust, coprolites, broken twigs, gravel formed by the disintegration of a rock layer in the cave wall, and a few sherds, including some from the Second Temple period, the Iron Age and earlier periods (Early Bronze Age or earlier).

Stratum 2, which is 35–45 cm deep, contained much gravel and coprolites and a few finds attributed to the Neolithic period. The gravel was due to the crumbling of the rock caused by the use of the cave as a sheep-pen.

Stratum 3 is 60 cm deep and was therefore divided into two sub-strata. Both in the upper and in the lower sub-strata numerous coprolites were found, as well as branches and twigs, threads, flint tools, animal bones and other material. Remains of a hearth containing carbonized twigs were uncovered in the lower sub-stratum near the north wall. C-14 analyses yielded dates (BCE) of 6150 ± 100 (RT 650), 6320 ± 80 (PTA 3650) and 6300 ± 70 (BM 2298).

Stratum 4 varies in depth because it includes all the lower fill accumulated between the stone boulders. Broken stalagmites, white sand and some coprolites and gravel were found in this stratum. A sickle and a conical bag (?) are among the important finds. C-14 analyses of pieces of string from this stratum gave their date (BCE) as 6900 ± 90 (PTA 3625) and 7160 ± 300 (BM 2299). An additional sample of ropes from the first excavations, attributed to stratum 3 or 4, was dated to 6740 ± 70 (BM 2300).

The excavation results show that all the objects described below belong to the Pre-Pottery Neolithic B period, which is dated in the Near East by a large number of C-14 analyses to 7800/7500–6000/5800 BCE. Originally, the finds belonged to four strata (2, 3a, 3b and 4) and it may well be that the difference in the deposition of the material in each stratum was due to the different uses made of the cave. Since the finds were disturbed, especially during the time when hyenas made the cave their lair, the reconstruction of these various uses is difficult. Some conjectures will be given in the concluding remarks.

* The naḥal and the cave take their name from the asphalt (ḥemar) welling up in it.

Shells sewn on knotted squares

The finds were divided into three groups according to the material of which they were made and to their purpose, whether certain or conjectural: objects of daily use, ornaments and jewellery, objects of an artistic and cultic character. As the study of the finds has not been completed, the following descriptions and especially the suggested interpretations are only a first attempt at presenting this unique assemblage in the prehistory of Eretz-Israel.

Objects of daily use

Containers of cordage and asphalt, mats and basketry

Many hundreds of pieces of cordage, ranging from very fine strings, 1–2 mm in diameter, to ropes of 10 mm and more, were unearthed in the Neolithic strata. The cordage, between 2 and 30 cm long, is made of unspun fibres of plant material, and comprises two major types: plain strings and ropes, and cordage with looping.

Plain cordage was used in constructing rigid baskets and containers. It was arranged in the form of densely packed coils, without any binding element, and subsequently coated with layers of asphalt inside and outside.

The cordage with looping probably formed part of mat construction, as suggested by the remains of bunches of rushes found in some loops. Fragments of thick mats made of bunches of rushes or grass fastened with rows of binding strings were also found.

Of the three major sub-classes of basketry — twined, coiled and plaited — the twined sub-class of the close simple type is the most widespread. In this basket weave horizontal elements — wefts — twist around stationary vertical elements — warps. The weft rows are tightly spaced, concealing the warps completely. Baskets were decorated by alternating different naturally coloured (dark and light) weft elements. This resulted in bands and checkerboard motifs.

Of the coiled sub-class, so common throughout the ancient Near East, and known also from impressions on floors in Jericho, only a single fragment has survived.

Structure of fabrics

The processes involved in the preparation of harvested flax (and other bast fibres as well) for spinning and weaving are complex and elaborate and include rippling, retting, scutching and hackling, and subsequent spinning and doubling of the yarns. All these processes were already in use during the Neolithic period as exemplified by their end product. The exhibited samples show the different techniques employed in fabric construction:

A simple fabric can be built by the repeated interworking of a single continuous element with itself, with the aid of a needle.

Looping techniques are represented by knotless as well as by knotted netting, as in fishnets.

An elaborate example of this work is a knotted "bag", 32 cm in length and with a diameter of 15 cm at the top. It has an elastic band-rim decorated with a green stone bead. From this band a network is "hung" with diagonally arranged, tightly knotted squares, terminating in a tubular tab constructed of spirally arranged knots. Scores of additional knotted squares strewn in the cave suggest that there were at least two more "bags". Two squares have shells sewn on them.

Among the fabrics there are dozens of delicate fragments constructed in a technique known as weft twining. Although it is in a certain sense a "finger weave", it is suggested by some of the Naḥal Ḥemar specimens that a frame of some kind might have been used in their construction. From the four types of twining observed in Naḥal Ḥemar, spaced twining is the most common: the weft rows are spaced at intervals leaving portions of the warps exposed.

A fine example of this technique is found in a nearly complete rectangular "napkin", 30 x 17 cm in size. The warps are plied, 0.7 mm in diameter. The wefts are finer plied yarns, 0.2–0.4 mm in diameter. The edges and selvedges of the "napkin", secured all around with a compact buttonhole stitch, are worthy of special attention.

The loom-woven textiles are fairly few and include small fragments in a technique known as tabby or balanced plain weave. A handful of these are dyed blue.

In conclusion, it should be stated that it is possible that some of the objects discussed above served for purposes other than daily use. Moreover, their specific shapes, the pedantic and delicate details, as well as their embellishment with beads and shells, suggest their use in some cultic activities rather than in daily life.

Wooden objects

As in the case of the basketry and the textiles, the definition of the forms and the suggested use of these objects are based on the ethnographic literature describing the daily material life of the American Indians, and especially the Californian tribes.

A group of wooden objects resembling the bone spatulas in shape is especially noticeable. One of these bears traces of green colour made of malachite (copper ore) powder. The arrowheads are more easily recognizable. Three are shaped like elongated "Byblos points" (all the pointed ends are broken off) and six are twigs no thicker than 5 mm sharpened at the end.

Other noteworthy finds include two fragments of digging sticks, an object shaped like a fish-hook resembling a spear thrower, a wooden awl(?), a box(?) fragment, and other fragments of unidentified purpose bearing traces of carving.

These objects were made from various trees common in the south of the country and in Edom: juniper, pistacia (atlantica?), white broom, tamarisks of various kinds, saltwort and others, all monocotyledonous plants which for the present cannot be defined more exactly.

Bone objects

Most of these were made from ribs of wild cattle, as well as from other bones, perhaps of ibex/goat and gazelle. The largest group consists of objects which we have called spatulas. These are knife-shaped, with parallel sides and a rounded end, sometimes wider than the spatula itself. These spatulas served as an important tool in dressing animal skins and in other work. Another large group are the pointed tools with a perforation near the end, some of which are decorated with series of grooves. These tools may have been used in weaving and basketry.

Some fragments are shaped like the eye of a large needle. The other end, which may have been pointed, is missing and therefore it is impossible for the present to determine whether these were large needles used in basketry.

Bone handles

Bone points are frequently found on prehistoric sites. They served to make perforations or to press down plant fibres or threads when weaving textiles or mats.

Of special interest is a buckle(?) carved in the shape of a figure of eight. Similar objects have been found at Catal Hüyük in Anatolia and at Nea-Nikomedeia in Thessaly.

Bone tools were carved with flint knives, as is evident from the marks left on them, and then rubbed and smoothed with limestone or sandstone. A stone object found in the cave appears to have served to polish bone tools.

Flint tools

The tool-kit found in the Naḥal Ḥemar cave differs in many ways from those found in habitation sites of the same period. There is no evidence that the tools were produced in the cave. Apart from a single flint core and a few flakes, the assemblage consists of irregular blades, knives or points with transversal notches near the base and a few arrowheads. The absence of debitage, which usually consists of cores, flakes, defective blades, flint chips and angular flint fragments, indicates that the flint implements were produced elsewhere, perhaps at the habitation site of the people who used the cave as a temporary camp-site or as a storage place for their tools.

According to the scars left on the blades, they were chipped off a blade-core with opposed striking platforms, of the type termed "naviform". The knives or points with transversal notches near the base were made from simple blades and sometimes the pointed end had a fine or semi-abrupt retouch on the ventral face of the tool. Traces of asphalt are visible on some of the blades which may have been used to coat the containers or other objects with asphalt. Further research with the help of a powerful microscope is necessary to determine the use of these tools.

Pieces of thread have survived in one of the tools, indicating that these knives/points were set into handles of some kind and bound transversally through the notches.

A little more than a dozen arrowheads were found. The majority are of the "Byblos point" type and the rest of the "Jericho point" type (differentiated by the angle between the body of the arrowhead and its tang). This range of arrowhead types is characteristic of the mid-seventh millennium BCE.

The sickle

The study of the material from which the haft is made and which also served to hold the flint blades in the groove, is still incomplete, but it seems to be a special resin. The haft was broken when uncovered in the excavations.

The sickle came to light in the lowest stratum, inside a natural hollow in the north wall of the cave. It consists of a curved haft with two grooves; one on the haft, and the other set with three flint blades inserted into the groove and secured with resin. The blades do not form a continuous cutting edge as they are separated by bits of resin.* No gloss of utilization could be discerned on the working edge of the blade, but a microscopic examination may show some slight traces of polish. Such sickles were in use from the Natufian culture onwards (and perhaps even earlier) until our own time. Attempts to reconstruct sickles on the basis of blades bearing gloss of utilization and sometimes traces of the asphalt attachment, indicate that the curved sickle came into use in the Neolithic period, and especially in the seventh millennium BCE. Reconstruction attempts based on the shape of the blades and the spread of the gloss of utilization on the working edge have now received support from the finds at Naḥal Ḥemar.

Ornaments and Jewellery

Wooden beads

Many dozens of beads carved from wood or from rhizomes of monocotyledonous plants have been found in the cave. The beads are uniform in shape, either cylindrical or barrel-shaped, and vary between 25 and 40 mm in length. Many of the beads bear traces of paint, either green (malachite powder) or red (ochre, iron oxide). Some of the beads are painted in one colour and others in both, usually with red stripes at the ends and a green body.

Clay beads

The clay beads are round or barrel-shaped and are usually smaller than the wooden beads. They can be divided into two groups, those that are perforated and those which are formed around a thread (the end of the thread often still protrudes from the bead). This last kind is usually painted green or grey, while the first kind is usually grey. The beads seem to be made of chalk mixed with sand, materials which are available in the vicinity of the site or on the fringes of the Dead Sea basin. Of special interest is an object made of two painted clay spheres with a thread wound between them. Though the object is fairly complete, it exemplifies that much remains elusive in our understanding of how the clay beads were used.

Two painted clay spheres with a twisted thread between them

Seashells

Shells and shell fragments were found in the cave, including some with remains of the threads with which they had been sewn to basketwork or clothing (like the shells sewn to the fabric squares). Mainly represented are the cowrie shells (Cypraea) from the Red Sea and the whelks (Nassarius) from the Mediterranean. The use of shells in this period is well known from many sites, especially in Sinai, the Negev and Edom. The cowries appear in the Neolithic period, while until then the commonest shell used had been the Dentalium. These shells, as well as the Glycymeris, were used to represent the eyes in the plastered skulls and clay statues found in Jericho. Barter trade in seashells was an integral part of the social and economic relations extending over considerable geographical areas.

Green stone beads

These beads were ornamental and in one case such a bead was sewn to the knotted "bag". Similar green stone beads are known from the late Natufian culture onwards, but in most of the cases, as well as at Naḥal Ḥemar, the stone has not been identified. The greenish stone (which is not malachite) may have been brought from Makhtesh Ramon, Transjordan, Syria or Cyprus. No archaeological evidence has been found that such beads were manufactured on any of the Neolithic sites excavated and studied up to the present in Eretz-Israel.

Cult and Art Objects

Human figurines

Three bone figurines were found in the excavations and a fourth was discovered in the debris at the entrance to the cave. All four figurines, whose width does not exceed 2 cm, represent only the head. The main features were carved, but it cannot be determined whether the head is that of a male or a female. The body of the figurine — if it ever existed — is broken off.

Figurine a is coated with asphalt on the forehead and the back of the head (black hair?). The face is smeared with red paint, the eyes are marked with green and on the lower part of the face there are traces of white colour (crushed limestone?).

Figurine b was found without any asphalt coating, but the spread of the red paint indicates that something had adhered to the eyes, the forehead and the back of the head. The eye-slits are emphasized and the marks left by the flint knife used by the carver are visible.

Figurine c is carved without any clearly defined forehead. The nose is marked by a protuberance and paint (perhaps together with some other material) covers the eyes. Asphalt is smeared over the back of the head.

Figurine d has a rounded face with marked eye-sockets, nose and chin. The forehead and the back of the head are coated with asphalt, while the face is covered with red paint.

Animal stone figurine

The figure of a rodent (mouse?) was carved from a piece of limestone which originally may have been a pebble. Although the characterization is none too clear, such a representation would fit in well with the animal world familiar to human society in the Neolithic period. The mice, living close to man, threatened the stores of grain and other vegetal foodstuffs of the agricultural society in that period.

Decorated skulls

The decorated skulls were found not far from the entrance cave, near the west wall. Fragments of additional skulls, which were recovered by sieving the debris of the Beduin excavations, indicate that most of the skulls were placed near the entrance. Only skulls were found, without any other skeletal remains and it can be assumed that they were brought to the site, either to be covered with asphalt or for safe-keeping. Plastered skulls have been found at Jericho, Beisamun (Hula Valley), Ein Ghazzal (near Amman) and Tel Ramad (on the Damascus plateau) on sites of that period. The skulls at Naḥal Ḥemar are exceptional as they are coated with asphalt and have a net pattern on the top and back of the skull, a pattern which recalls the basketwork found in the cave, some of which may have served as a headdress. Traces of this pattern have also been found on a fragment of the clay statue.

A preliminary anthropological examination shows that these were skulls of adult males. Their considerable width places them at the extreme end of the frequency range of the width of Neolithic skulls.

Human clay statue

Many fragments were recovered in the excavations of a clay statue similar to those found at Jericho (by Garstang and later by Kathleen Kenyon) and recently in a large deposit of statues of various sizes at Ein Ghazzal. At Naḥal Ḥemar the pieces belong mainly to the head. One fragment, which appears to represent the top or the back of the head, bears traces of a net pattern, while the inner side shows the impressions of the reed framework on which the statue was constructed,. An eye outlined in red and green paint can be discerned on another fragment.

Stone masks

The stone mask exhibited here has been pieced together from several limestone fragments. Its main features are clear: rounded eyes (the nose is missing) and a small mouth with four teeth in each row indicated by incisions. Red and green painted bands (the colours predominant in the Naḥal Ḥemar assemblage) radiate from the centre of the face. On the edge of the mask are eighteen irregularly spaced holes and traces of asphalt can be discerned here and there. The holes and the asphalt may have served to attach hair to the mask. The Beersheba ivories dating from the Chalcolithic period have similar perforations. Some of the mask fragments show traces of fire, apparently as a result of a fire which occurred in part of the cave and caused damage to many objects, probably at a late stage of the Neolithic period.

A piece of another mask, belonging to the lower jaw, has no holes along the edge. Twelve incised teeth show traces of asphalt and stains of red paint. The absence of additional fragments suggests that the rest of this mask (perhaps in one piece?) fell into the hands of the Beduin diggers.

The stone mask is not unique (with the exception of the use of paint) and such a mask has been found in illegal excavations at a Pre-Pottery Neolithic site in the southwestern part of the Hebron hills. Though there are differences of detail between the masks, the conception and the way they were used must have been the same.

It may seem unlikely that the stone masks were placed on the face during cult ceremonies. Stone masks are unknown in ethnographic research, but the ability to endure pain during religious ceremonies is so great in primitive societies, that wearing a heavy stone mask did not require an exceptional effort.

Faunal Remains

Bones of the following animals were found during the excavations of the Neolithic strata: cattle, ibex/goat, gazelle, hare and jackal. Remains of bats, porcupines, various rodents, reptiles and birds were also found. The kind of bones which have been preserved, as well as the signs of biting and gnawing marks on them, indicate that the collection of animal bones is not characteristic of a human habitation site, but represents the food remains left by hyenas which chose the cave as their den. A comparison of the collection from Naḥal Ḥemar with remains from a cave occupied by hyenas near Arad supports this impression. If this assumption is correct, it will also account for the bad state of preservation and the scattering of the basketry and textile fragments and other objects in the cave, as well as for the presence of some of the coprolites. The hyenas made the cave their lair probably towards the end of the Neolithic period.

Small stone pestle

Conclusions

In archaeology, the impact on the scholar of direct evidence, such as the material from the Naḥal Ḥemar cave, has a power of its own, although finds of basketwork, textiles, wooden tools and the like could be expected in view of the results previously achieved by prehistoric research in the Near East. Indirect evidence, such as sickle blades, bone tools, impressions in clay, carbonized plants and seeds, traces of asphalt, etc., show that the manufacture and use of such materials began in earlier periods (and especially from the Natufian culture onwards). The evidence from Naḥal Ḥemar gives us a better understanding of the techniques of basketry and weaving, of producing flax yarn and manufacturing asphalt-lined containers, as well as of the various wooden tools and the like. The objects were not produced in the cave and the materials from which they were made came from various places, some in the vicinity of the site and others relatively far away. Among those which are found 10–50 km from the cave are: the asphalt, which wells up in Naḥal Ḥemar itself, not far from where the canyon issues into the Dead Sea basin, the limestone from which the masks were made, the clay for the beads and a considerable part of the monocotyledonous or dicotyledonous trees and plants (such as the oak, pistachio, white broom etc.) used for making thread, ropes, wooden tools, beads etc. The flint for the tools is available some distance from the site. The bones for manufacturing tools were taken from animals killed by hunting or from domesticated species under the control of man. The following were brought to the cave from more distant regions: the juniper from Edom, the green stone beads (origin unknown) and the seashells from the Red Sea and the Mediterranean.

Thus, most of the materials were not available in the immediate vicinity of the cave (within a radius of 5 km). How should the assemblage in the cave be interpreted in view of the presence of finds connected with agriculture, such as flax, barley and emmer, and of the fact that the cave was not suitable for habitation, as it was dark and filled with stone boulders. A cave with such a narrow entrance, situated in an area suitable for short seasonal camping of hunters — food-gatherers, shepherds — hunters or food-producers — hunters, may well have been used as a shelter for a few days or as a store for longer periods. The provenance of the finds from at least four strata further complicates the interpretation. The sickle, for instance, which was found in the lowest stratum, may point to the possibility that at some stage the cave served to store the tools of a small group of people who collected branches, twigs, rushes, etc. for making ropes and basketry, and who may also have collected asphalt for transportation to some central site. The absence of abundant cereal remains indicates that there were no cultivated fields nearby. However, most of the damage to the finds and most of the difficulties of interpretation were caused by the hyenas inhabiting the cave. Very cautiously, we should like to suggest that the prominent feature of the assemblage is the association of the asphalt-coated skulls, the masks, the figurines and the ornaments and jewellery. At some stage the cave must have served as a store for cult objects used in a Neolithic ritual. Similar societies in our own time frequently use in their religious ceremonies objects of a cultic character, such as skulls and masks, together with objects of daily use, such as bows and arrows, spears, clothes etc. At the present stage of research, this interpretation cannot be developed further.

The Naḥal Ḥemar assemblage is attributed to the Pre-Pottery Neolithic B period, and more particularly, to the seventh millennium BCE. The general characteristics of the flint implements, the skulls coated with asphalt and the figurines, indicate that the site formed part of a prehistoric territory comprising the centre of the Levant — Galilee and Judea, the Jordan Valley and the Transjordan plateau — a territory situated north of Sinai and Edom and south of Syria. The great variety of the finds throws new light on spinning, weaving and basketry techniques in this period, as well as on previously unknown methods of coating containers with asphalt and on unusual types of flint tools. Moreover, it affords another glimpse into the rich spiritual world of the people in the Neolithic period.

This catalogue could not have been prepared without the assistance of institutions, scholars and friends who contributed greatly to the excavations, as well as to the study of the finds and their preservation.
Together with my colleague in the field-work, D. Alon, I wish to thank the following: Avi Eitan, the Director of the Department of Antiquities and Museums, for making the excavations and soundings possible and for his permission to publish the results; A, Kligman and R. Cohen from the Department of Antiquities and Museums, who helped to organize the excavations, and Sara Ben-Arieh, who supervised many of the tests, the registration of the finds and their preservation; my colleagues in the study of the material — for permission to use the preliminary results of their research in this catalogue: Tamar Schick (Israel Museum), Prof. B. Arensburg (Dept. of Anatomy and Anthropology, Tel-Aviv University), Dr. S. Davis (Dept. of Zoology, London University), Dr. Ella Werker (Dept. of Plant Anatomy/Botany, Hebrew University), Dr. M. Kislev (Dept. of Life Sciences, Bar-Ilan University), Dr. Carmela Shimony and Dr. Rivka Jucha (Israel Fibre Institute), Dr. P. Goldberg (Institute of Archaeology, Hebrew University), Irene Sala (London) for her microwear study of the flint tools; Dr. I. Carmi (Dept. of Geo-Isotopes, Weizmann Institute), Dr. G. Vogel (Isotopes Dept., National Laboratory of Physical Research, Pretoria), and Dr. Burleigh (British Museum) for the C-14 dates; Marina Rassovsky, D. Biegeleisen, Rachel Baharad (Israel Museum Laboratories), who worked on the preservation of the material; Lea Ofer (Israel Museum) who helped to analyse the weaving technology; Tirza Muttat and Mariana Pomeranz, who registered and catalogued the material; Z. Radovan and Zilla Sagi, for their fine photographs of the finds; and last but not least, Dr. Tamar Noy, Curator of the Prehistoric Department, whose energy and encouragement made this exhibition possible.
I wish to express my gratitude to the following institutions, whose assistance and support made possible the excavations, the study of the material and the exhibition: the Department of Antiquities and Museums, Negev Phosphates Ltd., the Institute of Archaeology, the Hebrew University, the Israel Exploration Society and the Israel Museum.

O. B-Y

נביעות האספלט בשפך נחל חמר ▷
Asphalt welling up in Naḥal Ḥemar
near its mouth

מערה במדבר: נחל חמר

ממצאים בני 9000 שנה

עופר בר־יוסף

תל רמאד
בייסמון
נחל אורן
ח' מנחה
יריחו
עין־ע'זאל
ירושלים
ח' דומא
באר־שבע
נחל חמר
ביידא

עבודות שימור החפצים במעבדות המוזיאון, התצוגה והקטלוג אופשרו באדיבות הברונית גבי בנטינק, גב' רוחמה לוי ומר ז'וזה פיכמן.

האוצרת האחראית: ד"ר תמר נוי, אוצרת לתקופות הפרהיסטוריות
עיצוב הקטלוג: אורה יפה
עיצוב התערוכה: אלישבע ירחי

עריכה לשונית: אפרת כרמון
תצלומים: נחום סלפק
רישומים: פלוריקה ויינר, טדי מזולה, ירושלים
ביצוע: ריקי קיבל

סדר: דפוס אחוה, ירושלים
הפרדת צבעים: רפרוקולור בע"מ, תל־אביב
לוחות: טפשר בע"מ, ירושלים
נדפס בדפוס המקור, ירושלים

קטלוג מס' 258, אביב תשמ"ה

כל הזכויות שמורות למוזיאון ישראל, ירושלים 1985

מסת"ב: 4 032 278 965

הקדמה

שוב העניק לנו מדבר יהודה תרומה מפתיעה, שאין ערוך לחשיבותה, לחקר תרבותו החומרית והרוחנית של האדם בארץ־ישראל ואף מחוצה לה. הפעם מדובר באוצר מן התקופה הניאוליתית. הצירוף המיוחד הזה של נוף הררי מדברי עשיר במערות ולידו אזור פורה משופע במעיינות הוא שיצר תנאים המאפשרים צמיחה של תרבות מחד גיסא והשתמרותה מאידך. בסקירה לאחור ניתן למנות את התגליות המרעישות, שראשיתן בשנות הארבעים, עם גילוין של ה"מגילות הגנוזות" — עדויות כתובות על קלף מלפני כ־2000 שנה של חברות בעלות אידיאולוגיה מיוחדת, דתית, חברתית ולאומית, אשר ישבו באזור מיוחד זה.

בשנות הששים נתגלו באזור סמוך שתי מערות ובהן ממצאים יוצאי דופן: ב"מערת האגרות" שבנחל חבר נמצא מחבוא מן המאה השנייה לסה"נ ובו חפצים יקרי־ערך ורבי־משמעות, לרבות תעודות פרטיות וציבוריות. ב"מערת המטמון" שבנחל משמר נמצאו שרידי יישוב מן התקופה הכלקוליתית — האלף הרביעי לפסה"נ — ובו חפצים שונים, אולם גולת־הכותרת של הממצא הוא מחבוא בעל הקשר טקסי מובהק, שבו כ־400 פריטים, עטופים במחצלת ועשויים ברובם מנחושת ובהם בעיקר ראשי אלה, קנים ושרביטים מרהיבים בעיטורם ובעיבודם. בשתי המערות, ששימשו למגורים מאולתרים ולמחבוא, נמצאו החפצים עטופים וארוזים בסלים, במחצלות ובעורות. גם גולגלות אדם נאספו בסל נצרים וקבורת אדם היתה מכוסה במחצלת. אלמלא נשתמרו חפצים אלה, ואחרים שלא נזכרו, במערות היבשות והחשוכות, היינו חסרים מידע על ממד זה של חיי היום־יום והדת.

והנה עתה, כעבור עשרים וחמש שנה, מצטרף לאלה ממצא פרהיסטורי רב־חשיבות, שעם פענוחו "יוארו הפנים הלא־ידועות של התקופה הניאוליתית", תקופה שאתריה פזורים מן הפרת בצפון ועד סיני בדרום. מערת נחל חמר נמצאת במפגש שבין הרי יהודה והר הנגב הצפוני, בחבל ארץ שבו טרם נמצאו אתרים ניאוליתיים, אף שמצפון ומדרום לו מצויים אתרים רבים. סביר אפוא להניח שאזור זה שימש מעבר מן הצפון לדרום. האספלט שנמצא על החפצים מצביע גם על קשר עם מקורו בשפכי הנחלים שבבקעת ים־המלח, בהם אפיק נחל חמר, הנקרא על־שם נביעות האספלט שבו.* רוחב האפיק בקרבת המערה מעיד על מים רבים שזרמו בו בעבר, אולי אפילו בתקופה שבה נעשה שימוש במערה, הידועה כתקופה שהיתה לחה.

במערה נמצאו אלפי פריטים במצבי שימור שונים, אך ההרוסים ביותר הם כלים וחפצים שנעשו מנצרים ומסיבי צמחים. החשובים ביותר לזיהוי המכלול כבעל משמעות דתית־פולחנית הם החפצים ה"אמנותיים": גולגלות מעוטרות, מסכות, שברי פסל אדם, צלמיות ראש אדם וצלמית חיה. ואכן, פסלונים ומסכות מוכרים מתרבויות שבטיות רבות כממלאי תפקיד ונושאי אופי פולחני מובהק. קבוצה זו אינה מהווה קורפוס חדש במכלול הניאוליתי, להוציא את צלמיות ראש האדם. אולם זו הפעם הראשונה שכל מרכיבי הקורפוס הזה נמצאו יחדיו. ממחקרים קודמים ידועות גולגלות מכוירות מאזור דמשק בצפון עד לדרום בקעת הירדן (תל רמאד, בייסמון, יריחו ועין ע'זאל); פסלי אדם גדולים מטין נמצאו רק בדרום בקעת הירדן (יריחו ועין־ע'זאל); מסכות ידועות רק באזור חברון וצלמיות של חיות מעוצבות באבן נמצאו גם בצפון וגם בדרום (בייסמון ורבוד). תוספת מיוחדת וחדשה הן צלמיות קטנות של ראשי אדם, העשויות בשילוב של גילוף על עצם וצבע. בהיבט איקונוגרפי נמצא כי לכל פריט בקורפוס זה יש ייחוד משלו, ונביא דוגמה אחת בלבד: גולגולת אדם שנותרה שלמה ועליה עיטור באספלט בחלקה העליון האחורי אינה ידועה משום אתר ניאוליתי אחר. עד כה היה הטין, שבו כוירו רק הפנים, אמצעי העיטור השכיח, ומשמעותו כבר נידונה הרבה. שאלה מעניינת היא, האם לאספלט משמעות דומה?

* חֵמר היא המלה העברית לאספלט, אך בחרנו להשתמש כאן במִלה אספלט הלועזית, המוכרת יותר.

מלבד הייחוד האיקונוגרפי תרמה השתמרות הצבע ממד נוסף, שלא היה מוכר דיו קודם לכן. הדבר בא לידי ביטוי למשל בדגם המיוחד של פסי הצבע שנמשחו על מסכת האבן, בעיצוב פסלוני ראש האדם בצבע ועוד.
אכן, לצבע יש שימושים רבים בחברות שבטיות. לבושו הראשון של תינוק בן־יומו, למשל, הוא עיטור בצבע.
גם בטקסים שונים הצבע לעתים אינו רק קישוט מרהיב, אלא הוא סמל הקשור למשמעויות דתיות ומאגיות.
קבוצת החפצים השנייה, המורכבת ממאות פריטים, כוללת את המקלעות (סלים, מחצלות, מיכלים ועוד) ואת האריגים. לבד מן העובדה שהם בבחינת פנים חדשות במכלול הממצאים הפרהיסטוריים, לרבות בתקופה הניאוליתית, הרי הכמות הגדולה והמבחר העשיר של החפצים מוסיפים נופך מיוחד לממצא.
מרבית העדויות שהגיעו לידינו עד כה היו טביעות החפצים שנשתמרו בטין ולא החפצים עצמם. אולם בעקבות ממצא זה ניתן היה להיטיב לבחון את עולם המלאכות והאספקטים השונים הכרוכים בו, כגון הצמחים ששימשו כחומרי־גלם. השימוש בנצרים ובחבלים להכנת כלים וחפצים שונים, ובמיוחד הטכניקה שעד עתה לא היתה מוכרת ביותר — השימוש בחבלים לעיצוב מסגרות לכלים ולמיכלים שונים, ביניהם קופסאות קטנות, ואחר־כך דיפונם באספלט או בטין. המיומנות הרבה שהתגלתה במעשי המקלעת השונים ומגוון שיטות הפתילה והכריכה יכולים אולי להצביע על כך שצעדיה הראשונים של מלאכה זו היו ידועים כבר קודם לכן, שהרי אין ספק שהאדם, שחי באזור זה במשך דורות על דורות, למד לנצל את הצמחייה ולהשתמש בה לצרכיו החיוניים בנדודיו ובמחנותיו הארעיים.
חידוש חשוב, שראשיתו ככל הנראה בתקופה הניאוליתית, הוא השימוש בסיבי פשתה לייצור חוטים טוויים, ששימשו למקלעות עדינות ולאריגה. גידול הפשתה באזורנו הוא נושא שטרם נחקר, אולם ידוע שהיא צומחת בזיקה לסביבה של מים, וסביבה כזו יכולה היתה להיות באזור המעיינות בבקעות שלאורך שקע הירדן.
מצורת האריגים ומעדינות עיבודם נראה שגם הם מצטרפים לאופי המיוחד של הממצא במערה.
קבוצת כלי העצם קשורה, כך סבורים, ברוב מרכיביה למלאכת המקלעת והאריגה. הממצא שלפנינו מצטיין בכמותו, בטיב השתמרות הכלים ובעיצובם הנאה. משום כך עולה השאלה, האם אין כלים אלה קשורים במישרין או בעקיפין למלאכות המלוות את הפולחן.
אחת ההפתעות של הממצא הם החרוזים, המרשימים בעיצובם, ביופים ובגודלם. חרוזים מעץ ומטין כמעט שלא היו מוכרים עד כה, הגם שהשימוש בעץ ובטין הוא בהישג־יד וחרוזים הם קישוטים מקובלים בתרבויות שונות. על כמה מן החרוזים נותרו עדיין החוטים וגם בכך יש עניין למחקר: טיב החוטים, דרכי הקשירה, הרכבת המחרוזת ועוד. גם הקונכיות הן קבוצה שלא נמצאה עד כה יחדיו בכמות דומה, וכן מגוון הטיפוסים טרם נמצא באתרים שנחפרו. שכיחותו של צדף פי־הכושי במכלול היא בבחינת אישור נוסף להופעתו בתקופה הניאולירתית. כמה מן הקונכיות שימשו לקישוט, וזאת על־פי החוטים הקשורים עדיין עליהן. צורה זו של קישוט גם היא פנים חדשות בממצא הארכיאולוגי, אף שהיא שכיחה מאד בתרבויות שונות בעולם.
מן הכלים האחרים נזכיר עוד את קבוצת כלי העץ וכלי הצור. כלי העץ ברובם לא היו ידועים עד עתה, למעט כמה חפצים שנמצאו באתרים שונים, ובמיוחד בצ'אטאל הויוק שבאנטוליה ובפאיום שבמצרים. סביר אמנם להניח שענפי עצים וחלקים אחרים מהצומח, שהיו חלק מסביבתו הקרובה של האדם, שימשו אותו מקדמת דנה. אולם, בהיותם חומרים מתכלים, לא נמצאו חפצים מעץ ברפרטואר הממצא הארכיאולוגי המקובל ומשום כך הם תרומה חשובה במיוחד. בכלי הצור מיוצגות בעיקר שתי קבוצות גדולות — הסכינים ובעלי־השקערוריות. קבוצות אלו נדירות בכל האתרים הניאוליתיים. העובדה שהסכינים עשויים מצור בגוון מיוחד מצביעה על אפשרות של שימוש מיוחד בהם.

ההחלטה לערוך את התערוכה עוד בטרם עובדו הממצאים סופית ופורסמו נובעת מחשיבות הממצא, שהוא בבחינת נכס לאומי והגשמת חלום לאוהבי ארץ־ישראל וחוקרי תחומים שונים של התרבות החומרית והרוחנית־הדתית שצמחה בארץ. אולם תגלית זו, בה במידה שהיא שופכת אור חדש על התקופה, היא מעוררת גם שאלות רבות, בעיקר באשר לפשר המכלול ולמיקומו.
יורשה לי להביע את תודתי העמוקה לפרופ' ע' בר־יוסף ולאגף העתיקות והמוזיאונים, שניאותו להעמיד את הממצאים לרשות מוזיאון ישראל לתצוגה, ולדוד אלון ועיד אל טורי, שהביאו אותנו אל המערה והוליכונו עד למוצא הנחל בבקעת ים־המלח ופקחו את עינינו אל קסם הסביבה והודה. התצוגה הותאמה במיוחד לאופי החפצים, מתוך הקפדה מירבית על שמירתם. תודתי נתונה לכל אנשי המעבדות השונות, שהשקיעו עמל רב בטיפול בחפצים ובהכנתם לתצוגה; לגב' איירין סלה, שליוותה את החפצים ודאגה לשלומם; למר נורברט שימל, שגילה עניין רב בעבודתנו; ולאחרונה, לגב' רוחמה לוי על תרומתה הנדיבה לעבודת המעבדות; לברונית גב' בנטינק ולמר ז'וזה פיכמן, על תרומתם הנדיבה, שאפשרה עריכת התערוכה והוצאת הקטלוג.

תמר נוי

קטע ממיכל גדול עשוי מחבל ומדופן באספלט

מערת נחל חֵמר

התקופה הניאוליתית (תקופת האבן החדשה) היא ללא ספק מן התקופות העיקריות שבהן עוצבה ההיסטוריה האנושית. מחברה שאורח־חייה היה מבוסס על ציד ולקט מזון צמחה, במהלך כמה מאות שנים, חברה חקלאית שהתקיימה על גידול דגנים וקטניות וציד חיות־בר, ובשלב מאוחר יותר גם על רעיית צאן. העֵדות הקטנות של בני התקופה הקודמת, הפליאוליתית, שהיו ברובן ניידות ומיעוטן יושבות קבע, הפכו בחלקן לחבורות גדולות של יושבי כפר, אשר המשיכו לנצל את המשאבים של סביבתם הקרובה ואף השכילו, מתוך מערכת קשרי משפחה מסועפים, לקיים סחר־חליפין פעיל. שינויים חברתיים וכלכליים אלו ידועים גם במונח "המהפכה הניאוליתית", שטבע ג' צ'יילד בשנות העשרים למאה הנוכחית. חוקרים אחרים מעדיפים לראות במעבר מציד ולקט לגידול מזון "מהפכה חקלאית", ולדעת אחרים, השימוש במונח "מהפכה" הוא הגזמה בפירושם של אותם אירועים. אין חילוקי־דעות על כך שלאחר יותר משני מיליון שנה של התפתחות החברה האנושית חל שינוי מהותי, שהטביע חותמו על המערכת החברתית־כלכלית שהתעצבה מ־8000 לפסה"נ ועד ערב ה"מהפכה התעשייתית".

אף שעיקרי האירועים וקצב התרחשותם במהלך התקופה הניאוליתית ידועים פחות או יותר מחפירות רבות שנערכו באזורנו, מאירה כל תגלית חדשה את ההישגים הטכניים והרוחניים של בני אותה תקופה. הממצא הארכיאולוגי, המוכר מחפירות באתרים דוגמת תל יריחו, נחל אורן, ח' מנחה, בייסמון ועוד, היטיב להציג את התפתחות היישובים החקלאיים (ואת אלו של אותם ציידים־לקטים שהמשיכו להתקיים באזורים הצחיחים), וכן את השינויים שחלו בצורת הבתים ובאופן בנייתם, את השינויים באופן הכנת המזון (המתבטאים, למשל, בשכיחותם של כלי הכתישה והשחיקה), את החידושים והשכלולים באופן סיתותם של כלי הצור, ועוד. מעלתם של כל אלו שהם עשויים או בנויים מחומרים שאינם מתכלים, שכן כלי עץ, סלים ומיכלים, אריגים וכיו"ב, אשר היוו חלק חשוב במאגר כלי היומיום וחפצי הנוי של אותן אוכלוסיות, לא שרדו כמעט, הגם שבאתרים דוגמת צ'אטאל הויוק באנטוליה נמצאו שרידים כאלו שזמנם כ־6000 לפסה"נ, ומעטים יותר (לרוב טביעות בטין של קטעי מחצלות או סלים) נחשפו באתרים אחרים (יריחו, ביידא). התגליות ממערת נחל חֵמר מאירות במידת־מה את הפנים הלא־ידועות של התקופה הניאוליתית.

המערה והחפירות

מערת נחל חֵמר, המצויה על גדתו הימנית של הנחל, כ־250 מ' מעל פני הים, בשולי גבעת סינון, אינה אלא חלל קטן (כ־8 x 4 מ'), אשר נוצר בסלע גירני כתוצאה מפעילות קרסטית. לאורך סדקים עוצב מעין חדר אסימטרי, שממנו מסתעפים סדקים מורחבים בתקרה ובשוליו הצפוניים. טפטוף המים בשלבי ההתייבשות של המערה יצר קרומים סטלגמיטיים על הקיר הצפוני. גושי אבן גדולים צנחו מן התקרה ויצרו מבוך בחלל המערה, אשר פתחה הצר מחדיר רק מעט אור. אטימות המערה לקרני השמש והטמפרטורה הקבועה השוררת בה גרמו לשימורם של שרידים אורגניים רבים. לא מתמיה הוא שמערה זו, כמערות רבות אחרות במדבר יהודה, עוררה את התעניינותם של בדואים מחפשי מגילות, במיוחד בראשית שנות הששים. הללו נברו וחפרו באזור הכניסה למערה, לאורך כ־3–4 מ' בין הקיר וגושי האבן הראשונים, ומשלא מצאו מאומה, הניחו לאתר.

האתר התגלה מחדש בחורף 1983 בידי ד' אלון ועיד אל טורי, מעובדי אגף העתיקות והמוזיאונים והאגודה לסקר ארכיאולוגי בישראל. בחפירת־בדיקה שנערכה במערה לאורך הקיר המערבי נתגלו ממצאים רבים (גולגלות מכוירות באספלט, שברי מסכת אבן, סכיני צור, שפע חוטים וחבלים, קטעי אריג ומקלעות שונות, מיכלים מחבלים מדופני אספלט ועוד). חפירות משלימות נערכו בראשית הקיץ באותה שנה בהנהלת ע' בר־יוסף וד' אלון מטעם אגף העתיקות והמוזיאונים ובמהלכן התבהרה השכבתיות המורכבת של האתר.

ההשתכבות באתר

במהלך החפירות נמצא שהשיכוב המלא מיוצג בחלקה הצפוני של המערה, ושם גם נותרה פינה, שמפאת היותה חשוכה ביותר לא נפגעה לחלוטין. הרצף של ארבע השכבות העיקריות התחלק כדלקמן:

שכבה 1 הכילה אבק, גללים, שברי ענפים, חצץ שנוצר מהתפוררות שכבת סלע בקיר המערה ומעט שברי חרס ובהם בודדים מתקופת בית שני, תקופת הברזל וחרסים קדומים שגילם אינו ברור (תקופת הברונזה הקדומה או קודם לכן).

שכבה 2, שעוביה כ־35-45 ס"מ, הכילה בעיקר חצץ ושפע גללים, ומעט ממצאים המשויכים לתקופה הניאוליתית. החצץ הרב נבע מהתפוררות הסלע כתוצאה מן השימוש במערה כמכלאת צאן.

שכבה 3, שעוביה כ־60 ס"מ ולכן חולקה לשתי תת־שכבות; בעליונה ובתחתונה נמצא שפע של גללים וכן זרדים, חוטים, כלי צור, עצמות בעלי־חיים ועוד. בשכבה התחתונה נחשפו ליד הקיר הצפוני שרידי מוקד ובו ענפים מפוחמים, אשר בבדיקת פחמן 14 נמצא שזמנם 100 ± 6150 (RT 650), 80 ± 6320 (PTA 3650) וכן 70 ± 6300 (BM 2298) לפסה"נ.

שכבה 4, שעוביה משתנה מ־30 ל־80 ס"מ והיא כוללת אל כל המילוי התחתון שהצטבר בין גושי האבן. בתוכה נמצאו שברי סטלגמיטים, חול לבן ומעט גללים וחצץ. בין ממצאיה החשובים מגל ו"תיק" חרוטי. קבוצת חוטים שנבדקה בשיטת פחמן 14 תוארכה ל־90 ± 6990 לפסה"נ (PTA 3625) וכן 300 ± 7160 (BM 2299) לפסה"נ. דוגמה נוספת של חבלים שנמצאו בחפירות מיוחסת לשכבה 3 או 4, תוארכה ל־90 ± 6740 (BM 2300) לפסה"נ.

על־פי תוצאות החפירות נראה שכל הממצאים שיתוארו להלן שייכים לתקופה הניאוליתית הקדם־קרמית שלב ב', אשר תאריכיה (המבוססים על מספר רב של בדיקות פחמן 14) במזרח הקרוב הם 7800 / 7500–6000 / 5800 לפסה"נ. הממצאים היו שייכים במקורם לארבע שכבות (2, 3א, 3ב ו־4) וייתכן שההצטברות השונה בכל אחת מן השכבות מציינת אופי אחר של שימוש במערה. בעקבות הפגיעות השונות במערה, ובייחוד לאחר שבתקופה מסוימת שימשה כמאורת צבועים, יקשה כיום לשחזר את שימושיה השונים. השערות אחדות יובאו בפרק הסיכום.

על־פי החומר שממנו נעשו החפצים השונים ושימושיהם, המשוערים או הוודאיים, חולק הממצא לשלוש קבוצות: חפצים לשימוש יומיומי, קישוטים ותכשיטים, חפצי אמנות ופולחן. מכיוון שחקירת הממצאים טרם נשלמה, מהווים התיאורים הבאים, ובמיוחד הפירושים המוצעים לשימושם של החפצים, נסיון ראשון להצגת מכלול ייחודי זה בפרהיסטוריה של ארץ־ישראל.

חפצים לשימוש יומיומי

כלי חבלים וחפצי מקלעת

בשכבות הניאוליתיות של מערת נחל חֵמר נמצא עושר רב של חבלים, בעובי המשתנה מ־1–10 מ"מ, אשר נשזרו מסיבי צמחים. בין אלפי קטעי החבלים (שאורכם מ־2–30 ס"מ) ניתן להבחין בשתי קבוצות עיקריות: חבלים פשוטים (דקים ועבים), וחבלים שבהם קשרי לולאה.

החבלים הפשוטים שימשו לבניית סלים ומיכלים שדופנו באספלט. אלה נוצרו ככל הנראה תוך כריכה מעגלית של החבלים, זה על גבי זה, ללא כל חיבור נוסף, ומריחה מבפנים ומבחוץ באספלט. תמוה הדבר מדוע לא נקלעו הסלים תחילה בשלמותם ודופנו באספלט אחר כך.

החבלים עם קשרי הלולאה נראים כשרידי מחצלות. יש, אכן, מספר קטן של דוגמאות שבהן צרורות זרדים או נצרים נשארו תחובים בתוך הלולאות. כן שרדו מספר קטעי מחצלות שבהם אגודות של נצרים מהודקות בחבלים בטכניקת כריכה מיוחדת (דמוית סוּמָק).

יצירת סלים נעשית ב־3 אופנים עיקריים: פתילה (twining), כריכה (coiling) וקליעה (plaiting). מרבית קטעי הסלים שנמצאו במערת נחל חמר נעשו בשיטת הפתילה הצפופה. בטכניקה זו מעבירים את נצרי הערב תוך פיתול מסביב לנצרי השתי הקבועים. נצרי הערב, בשורות צפופות ומהודקות, מכסים כליל את נצרי השתי. לעתים קושטו הסלים בנצרים בגוונים כהים ובהירים. נצרי הערב פותלו באופן כזה שיצרו דגמי פסים כהים ובהירים לסירוגין, וכן דגם לוח שחמט.
משיטת הכריכה הנפוצה ברחבי המזרח הקדמון והמוכרת היטב מטביעות ברצפות בתים ביריחו, נמצאה רק דוגמה אחת בנחל חמר.

עבודות אריג מחוטים טוויים

המלאכה הכרוכה בהכנת חוטים מסיבי פשתה (וסיבים אחרים) איננה פשוטה כלל. ראשיתה בעבודת השדה והקציר והמשכה בניפוץ, פסיקה, טווייה, הכפלה וכו', עד שמתקבל חוט פשתן חזק. מכל מקום, מלאכה זו היתה כבר ידועה בתקופה הניאוליתית והדוגמאות המוצגות מלמדות על מגוון הצורות ושיטות בניית האריג.
עשיית אריג פשוט אפשרית על־ידי כריכה חוזרת של חוט יחיד מסביב לעצמו בעזרת מחט.
בניית אריג המבוססת על לולאות יכולה להיעשות בכמה שיטות. לדוגמה: עשיית לולאות ללא קשרים (knotless netting) ובניית רשת על־ידי יצירת שורות של קשרים, כדוגמת רשת דייג.
דוגמה משוכללת לבניית אריג קשרים הוא ה"תיק" החרוטי, שאורכו כ־32 ס"מ וקוטרו בחלקו העליון כ־15 ס"מ. הוא בנוי מרצועת שפה צפופה אך גמישה, מקושטת בחרוז מאבן ירוקה. חלקו העיקרי של ה"תיק", התלוי מרצועת השפה, בנוי מרשת של מעוינים, שבה ערוכים ריבועי אריג עשויים קשרים־קשרים. קצהו המחודד של ה"תיק" בנוי מקשרים ערוכים בצורה שבלולית. על־סמך העובדה שנמצאו במערה כמה עשרות ריבועי אריג נוספים, נראה שהיו בה לפחות עוד שני "תיקים" דומים. על שניים מן הריבועים נמצאו תפורות קונכיות ימיות.
בין עבודות האריג נמצאו כמה עשרות פיסות אריג עדינות, אשר נעשו בטכניקה של פתילת ערב (weft twining). טכניקה פשוטה זו, ששימשה גם לקליעת סלים (כמתואר לעיל), היא נפוצה ביותר.
למרות שזוהי "טכניקת אצבעות" בעיקרה, נראה, על־פי כמה מן הממצאים, שהם נעשו בעזרת מסגרת כלשהי, שעליה נמתחו חוטי השתי.
מבין ארבעה טיפוסים של פתילת ערב שאובחנו בנחל חמר, הנפוצה ביותר בעבודות האריג היא פתילת ערב מרווחת (spaced twining), המותירה חלק מחוטי השתי חשופים.
דוגמה נאה לאריגים אלו היא ה"מפית" (שגודלה 17 x 30 ס"מ). חוטי השתי המוכפלים בה עוביים כ־0.7 מ"מ ואילו חוטי הערב המוכפלים עוביים נע מ־0.2 עד 0.4 מ"מ. לתשומת־לב מיוחדת ראויים שולי ה"מפית", שעובדו סביב בתך לולאה.
קטעי האריג שנעשו בעזרת נול מכני פשוט מועטים. הם נארגו בטכניקה הפשוטה ביותר שבה ניתן להשתמש בנול — טכניקת "חיבור־בד" (plain weave-tabby). קומץ מהם צבוע בצבע כחול.
כאן המקום לציין, שאף כי עבודות האריג נכללות בחפצי היום־יום, איננו יודעים לפי שעה למה שימשו פריטים אלה. יתרה מכך, צורתם המיוחדת, העבודה המדויקת והמעודנת שהושקעה בעשייתם ועיטורם בחרוזים ובצדפים מעידים על חשיבותם. ייתכן אפוא שלא היו בשימוש יומיומי דווקא, אלא בשימוש טקסי או פולחני כלשהי.

קונכיות תפורות לריבועי קשרים

חפצים מעץ

כמו בחפצים הקלועים והארוגים, כך גם בחפצים העשויים מעץ, הגדרת הצורות ושימושן האפשרי מתבססת על הספרות האתנוגרפית המתארת את הממצא החומרי היומיומי בקרב האינדיאנים של אמריקה, ובמיוחד שבטי קליפורניה.
בין כלי העץ בולטת קבוצה של פריטים המזכירים בצורתם את המריות (ספאטולות) מעצם. על אחד מהם נשתמר שריד של צביעה בירוק באבקת מלכיט (היא עפרת הנחושת). ברור יותר שימושם של ראשי החצים: שלושה מהם עוצבו כ"חודי ביבלוס" מאורכים (בכולם הקצה החד שבור) וששה הם ענפים, שעוביים אינו עולה על 5 מ"מ, אשר חודדו בפשטות.
פריטים אחרים הראויים לציון הם שני שברים של מקלות חפירה, פריט דמוי-חכה המזכיר מטול-חניתות, מעין מרצע מעץ, שבר של קופסה(?) ושברים אחרים שעליהם סימני גילוף ברורים ואשר שימושם אינו ידוע.
פריטי עץ אלו נעשו מעצים שונים השכיחים בדרום הארץ ובאדום: ערער אדום, אלה (אטלנטית?), רותם המדבר, אשל הפרקים, אשל היאור ואשל קטן־פרחים, מלחית ואחרים, כולם צמחים חד־פסיגיים אשר לפי שעה אינם ניתנים להגדרה מדויקת.

כלי עצם

אלו עוצבו ברובם מצלעות של בקר־בר ומעצמות אחרות, אולי של יעל/עז וצבי. הטיפוס השכיח ביותר הוא מגוון של כלים דמויי סכינים המכונים מריות, בעלי צלעות מקבילות וקצה מעוגל, ולאחדים מהם קצה רחב יחסית לרוחבם. המריות שימשו ככלי חשוב לעיבוד עורות, אבל גם למלאכות אחרות. קבוצה גדולה נוספת היא של כלים מתחדדים, שלהם נקב סמוך לקצה, ויש שהם מעוטרים בסדרת חריצים. כלים אלה שימשו למלאכת הקליעה והאריגה.
שברי כלים אחדים הם בצורת קוף של מחט מוגדל, ובהעדר הקצה השני של הכלי, שאולי היה מחודד, לא ניתן לפי שעה לוודא את שימושם לקליעה כ"מחטים" גדולות.
חודי עצם הם פריט שכיח באתרים פרהיסטוריים ושימשו לניקוב או להידוק הנצרים והחוטים בתהליך האריגה והקליעה.
פריט ייחודי הוא ללא ספק האבזם(?) המגולף דמוי הספרה 8. חפצים דומים נמצאו בצ'אטאל הויוק שבאנטוליה ובניא־ניקומדיה שבתסאליה, יוון.
כלי עצם למיניהם גולפו בעזרת סכיני צור, כפי שמעידים הסימנים שעל פניהם, ואחר כך שופשפו והוחלקו באבן גיר או אבן חול. פריט אחד מאבן שנמצא במערה, דומה ששימש כאבן ליטוש לעיבוד כלי עצם.

ידיות עצם

כלי הצור

מכלול כלי הצור שנמצא במערת נחל חֵמר שונה במידה רבה מן המכלולים המוכרים מחפירות באתרי מגורים רגילים בני אותה תקופה. אין סימנים לכך שפריטי הצור סותתו במערה. פרט לגרעין צור אחד ולנתזים בודדים, מורכב המכלול מלהבים פשוטים, סכינים או חודים בעלי שקערוריות מקבילות ליד הבסיס וראשי חץ אחדים. העדרה של פסולת התעשייה, הכוללת גרעינים, נתזים, להבים פגומים, שבבי צור ושברי צור מזוותים, מעיד על כך שמלאכת הסיתות נעשתה במקום אחר. ייתכן שהיא נעשתה באתר המגורים של בני אותה חבורה שלהם שימשה המערה לחניה זמנית או כמחסן כלים.
הלהבים, על־פי דפוסי הצלקות שעל פניהם, הותזו מגרעיני להבים בעלי שטחי נקישה מנוגדים, מטיפוס גרעין המכונה "דמוי סירה". מן הלהבים הפשוטים עוצבו הסכינים או החודים בעלי השקערוריות המנוגדות ליד הבסיס ולעתים זכה הקצה המחודד שלהם לשיפוץ נוסף על ידי שיברור עדין או חצי־זקוף על גחון הכלי. על כמה להבים ניתן להבחין בשרידי אספלט וייתכן ששימשו לדיפון המיכלים או כלים אחרים. רק מחקר בעזרת מיקרוסקופ רב-עצמה ילמד על השימוש שנעשה בכלים אלו.

פריט אחד, שבו נותרו עדיין חוטים, מעיד על כך שסכינים/חודים אלו היו מותקנים בידיות כלשהן ונקשרו לרוחב, דרך השקערוריות.
מעט יותר מתריסר ראשי חץ נמצאו במערה. מרביתם שייכים לטיפוס "חוד ביבלוס" ומיעוטם ל"חוד יריחו" (ההבדל ביניהם הוא בזווית שבין גוף החץ והתקע שלו). מגוון זה של טיפוסי ראשי־החץ מאפיין את מחצית האלף השביעי לפסה"נ.

המגל
בשכבה התחתונה ביותר, בתוך מעין גומחה טבעית בקיר הצפוני של המערה, נמצא מגל. המגל, אשר נשבר בעת הוצאתו, היה עשוי שרף ובו שני חריצים, אחד בידית ואחד אשר לתוכו שובצו שלושה להבי צור והודקו גם כן בשרף. ראוי לציין שאין הלהבים יוצרים קצה פעיל רציף, והדבקת השרף מפרידה ביניהם. על החורפה שלהם לא אובחן ברק שימוש אך ייתכן שבבדיקה המיקרוסקופית שעוד תיעשה יתגלו שרידי ליטוש זעיר. מגלים כאלו היו בשימוש החל מן התרבות הנאטופית (ואפשר שעוד קודם לכן) והשימוש בהם נמשך עד ימינו. נסיונות לשחזר מגלים על־סמך הלהבים שעליהם נותרו סימני שימוש, ולעתים סימני הדבקה באספלט, מראים שהמגל המכופף נכנס לשימוש בתקופה הניאוליתית, ובמיוחד באלף השביעי לפסה"נ. נסיונות שחזור שנעשו על־סמך צורות הלהבים ותפרושת ברק השימוש על חורפתם מוצאים כעת חיזוק בממצא מנחל חֵמר.

קישוטים ותכשיטים

חרוזי עץ
חרוזים מגולפים מענפים או מקני־שורש של צמחים חד־פסיגיים נמצאו בנחל חֵמר בעשרות רבות. לחרוזים צורות אחידות — הם גליליים (בעלי צלעות מקבילות) או חביתיים (בעלי צלעות קמורות). אורך רובם נע מ־25 עד 40 מ"מ. על רבים מהם נשתמרו שרידי הצבעים המקוריים — ירוק (אבקת מלכיט) ואדום (אוכרה, עפרת תחמוצת ברזל). לעתים נצבע החרוז בצבע אחד ולעתים בשני צבעים. בין האחרונים שכיח הטיפוס בעל הפסים האדומים בקצותיו והגוף הירוק.

חרוזי עץ וטין

חרוזי טין
חרוזים אלו לרוב קטנים יותר מחרוזי העץ. צורותיהם מעוגלות או חביתיות והם נחלקים לשני טיפוסים: בעלי נקב לכל אורכם ואלה אשר עוצבו מסביב לחוט (קצה החוט לעתים קרובות עדיין מבצבץ מתוכם). האחרונים צבועים לרוב בירוק או אפור ואילו הראשונים לרוב אפורים. דומה שהחרוזים עשויים מתערובת של חומר קרטוני עם חול, חומרים המצויים בסביבתו הקרובה של האתר או בשולי בקעת ים המלח.
פריט ייחודי אחד הוא צירוף של שתי כדוריות טין צבועות וביניהן חוט מלופף. חפץ זה, שהוא שלם יחסית, מרמז על כך ששימושם של חרוזי הטין עדיין נעלם מעינינו.

קונכיות ימיות
קונכיות ושברי קונכיות ימיות נמצאו במערה. בין אלו מצויות קונכיות שעליהן נשתמרו שרידי החוטים שחיברו אותן אל מקלעות או חלקי ביגוד (כדוגמת הקונכיות שנמצאו על ריבועי האריג). בולטות בין הקונכיות אלו הקרויות "פי־הכושי" (Cypraea), שמקורן בים־סוף, ו"אקון" (Nassarius), שמקורן בים התיכון. השימוש בקונכיות בתקופה זו מוכר מאתרים רבים ובמיוחד בסיני, בנגב ובאדום. קונכיות פי־הכושי בולטת בהופעתה בתקופה הניאוליתית, שכן עד אז היו קונכיות שן־הים (שנהבית, Dentalium) השכיחות ביותר. קונכיות אלו, יחד עם קונכיות ה"נעמית" (Glycymeris), שימשו ביריחו לעיצוב עיניים בגולגלות המכוירות ובפסלי הטין. סחר־חליפין בקונכיות היה חלק בלתי נפרד ממערכת קשרים חברתיים וכלכליים שהשתרעו למרחקים גיאוגרפיים ניכרים.

חרוזים מאבן ירוקה

החרוזים האלו שימשו לקישוט ובמקרה אחד נמצא החרוז תפור אל "תיק" הקשרים. חרוזי אבן ירוקה מסוג זה ידועים כבר מן התרבות הנאטופית המאוחרת ואילך. ברוב המקרים לא הוגדר הסלע שממנו נעשו החרוזים וכך גם במקרה שלפנינו, אך ייתכן שהסלע הירקרק (שאיננו מלכיט) יובא ממכתש רמון, מעבר־הירדן, מסוריה או מקפריסין. מכל מקום, אין עדויות ארכיאולוגיות לייצור חרוזים כאלו באתרים הניאוליתיים של ארץ־ישראל שנחפרו ונחקרו עד כה.

שתי כדוריות טין צבועות וביניהן מלופף חוט

חפצי אמנות ופולחן

צלמיות־אדם

במהלך החפירות נמצאו שלוש צלמיות עצם והרביעית נתגלתה בשפך בחזית המערה. כל הצלמיות (שרוחבן אינו עולה על 2 ס"מ) מתארות רק את הראש ולא ניתן לקבוע אם זהו ראש אשה או גבר. תווי הפנים העיקריים גולפו בעצם ונמשחו בחומרי צביעה. בכולן המשך הגוף — אם היה קיים — שבור.

צלמית א' מכוסה באספלט בחלקה העליון (המצח) ובחלקה האחורי (שער שחור?), הפנים מרוחות בצבע אדום, העיניים בצבע ירוק ובחלק התחתון של הפנים יש שרידים של חומר לבן (גיר כתוש?).

צלמית ב' נמצאה ללא שרידי הדבקות האספלט. התפרשות הצבע האדום מצביעה על הדבקות שהיו באזור העיניים, המצח ואחורי הגולגולת. בעיצוב בולטים חריצי העיניים ובליטת האף וסימני הגילוף בסכין צור נראים היטב.

צלמית ג' מעוצבת ללא מצח ברור ולה בליטת אף וכיסוי בצבע (ואולי חומר נוסף) על גבי העיניים. באחורי הראש נמצא אספלט מרוח.

צלמית ד' בעלת פנים מעוגלים ובולטים ובהם חורי העיניים, בליטת האף וקו הסנטר. על המצח ומאחורי הראש מרוח אספלט ועל הפנים — צבע אדום.

צלמית חיה מאבן

מגוש של אבן גיר, אשר אפשר שהיה במקורו חלוק נחל, עוצבה דמות של מכרסם (עכבר?). אף שתווי האפיון אינם ברורים ביותר, נראה שדמות כזו עשויה היתה להיות חלק מעולם החי הקרוב לחברת בני האדם בתקופה הניאוליתית. העכברים, כחיות־בית שלצד האדם, איימו על שלמותם של מאגרי הדגנים והמזון הצמחי האחר של החברה החקלאית באותה תקופה.

הגולגלות המכוירות

הגולגלות המכוירות נמצאו לא רחוק מן הכניסה למערה, סמוך לקיר המערבי. על־פי שברים של גולגלות נוספות, שנתגלו אגב ניפוי השפך מחפירת הבדואים, נראה שמרביתן הונחו בסביבת פתח המערה. בכל המקרים נמצאו רק הגולגלות, ללא שרידים נוספים של השלד, ומכאן ניתן להסיק שהן הובאו לאתר, אם לשם כיורן באספלט ואם לשמירתן במערה. גולגלות מכוירות בטין נמצאו בתל יריחו, בבייסמון (עמק החולה), בעין־ע'זאל (ליד עמאן) ובתל רמאד (ברמת דמשק), באתרים בני תקופה זו. ייחודן של הגולגלות מנחל חֵמר הוא בעיטוף האספלט שלהן ובדגם הרשת שעוצב על גבי הגולגולת, דגם המזכיר את מקלעת ה"תיק" שנתגלתה באתר, ומכאן שאולי שימשה כלבוש ראש. שריד לדגם רשת כזה נמצא גם על שבר פסל הטין. בבדיקה אנתרופולוגית ראשונית נראה שהיו אלה גולגלות של זכרים מבוגרים. רוחבן הניכר מעמיד אותן בקצה עקומת שכיחות הרוחב בגולגלות ניאוליתיות, תופעה אשר לפי שעה אין לה הסבר מניח את הדעת.

שברי פסל טין דמוי אדם

במהלך החפירות נמצאו שברים רבים של מה שעשוי היה להיות פסל טין, בדומה לפסלי הטין שנתגלו בחפירות בתל יריחו (בידי ג' גארסטנג ואחר־כך בידי ק' קניון) ואלה שנתגלו באחרונה במצבור גדול בגדלים שונים באתר עין־ע'זאל. השברים ממערת נחל חֵמר הם בעיקר של הראש. על שבר אחד, שהיה כנראה חלקו העילי או האחורי של הראש, נותרו שרידים של דגם הרשת, ועל הפן הפנימי ניתן לראות את טביעות הקנים שיצרו את "שלד" הפסל. על שבר נוסף ניתן להבחין בעין ממוסגרת בצבע אדום וירוק.

מסכות אבן

מסכת האבן המוצגת כאן הורכבה משברים אחדים של אבן גיר. תכונותיה הכלליות ברורות: העיניים מעוגלות (האף חסר), הפה קטן ובו ארבע שיניים בכל שורה מעוצבות בחריתה. ממרכז הפנים יוצאים פסים רדיאליים צבועים באדום וירוק, הצבעים השליטים במכלול של מערת נחל חֵמר. בשולי המסכה 18 חורים (במרווחים לא אחידים) פה ושם ניכרים שרידי אספלט אשר אפשר ששימש, יחד עם החורים, להדבקת שערות. החירור הזה מזכיר תופעה דומה בפסלוני השנהב מ"תרבות באר־שבע" בתקופה הכלקוליתית. חלק משברי המסכה שרופים באש (כתוצאה משריפה חלקית שאירעה במערה ככל הנראה בשלב מאוחר בתקופה הניאוליתית, ואז נשרפו חפצים רבים נוספים).

נמצא גם שבר נוסף, של לסת תחתונה, ממסכה אחרת, ללא חורים בשוליו. כאן נראות 12 שיניים מעוצבות ובשוליהן שרידי אספלט וכן כתמי צבע אדום. העדרם של שברים נוספים מעלה על הדעת שיתר המסכה (בחתיכה אחת?) נפלה לידי שודדי־עתיקות.

מסכת האבן אינה תגלית יוצאת־דופן (להוציא את צבעיה המקוריים), שכן מסכה דומה נמצאה בידי שודדי־עתיקות באתר ניאוליתי קדם־קרמי בדרום־מערב הר חברון. קיימים, כמובן, הבדלים בפרטי העיצוב בין המסכות, אך נראה שהרעיון עצמו וייתכן שגם השימוש בהן היו שווים.

קשה להעלות על הדעת שאכן המסכה נלבשה על פני אדם בעת טקס כלשהו. מסכות אבן אינן מוכרות מן המחקר האתנוגרפי, אך יכולת הסבל של משתתפים בטקסים דתיים בחברות פרימיטיביות היא כה רבה, עד כי דומה שלבישת מסכת אבן כבדה לא היתה מאמץ יוצא־דופן.

עלי קטן מאבן

עצמות בעלי־חיים

עצמות בעלי־החיים אשר נמצאו במהלך החפירה בשכבות הניאוליתיות כוללות את המינים הבאים: בקר, יעל/עז, צבי, ארנבת ושועל. כן אבחנו שרידים של עטלפים, דורבנים, מכרסמים שונים, זוחלים וציפורים. על־פי סוג העצמות שנשתמרו וכן על־פי סימני הנשיכות והכרסום שעליהן, נראה שמאסף העצמות איננו טיפוסי לאתר מגורי אדם, אלא הוא פרי איסוף של צבועים שאיוו את המערה למשכן. השוואת המאסף מנחל חֵמר לממצא ממערת צבועים ליד ערד מחזקת את הרושם הזה. אם אכן הוא נכון, יש בכך משום הסבר גם למצב השימור הגרוע והפיזור של קרעי הסלים, המקלעות, האריגים ושאר החפצים במערה וכן לחלק מהגללים שבה. נראה שקרוב לסוף התקופה הניאוליתית שימשה המערה כמאורת צבועים.

סיכום

עצמתה של העדות הישירה בארכיאולוגיה היא ברושם הבלתי־אמצעי שהיא משאירה על הצופה והחוקר. זה טיבם של הממצאים ממערת נחל חֵמר. אמנם, על־סמך ההישגים של המחקר הפרהיסטורי במזרח הקרוב ניתן היה לצפות שיימצאו סלים, מיכלים, חלקי בגדים, כלי עץ וכו'. העדויות הבלתי ישירות, כגון להבי המגל, כלי העצם, הטביעות בטין, שרידי צמחים וזרעים מפוחמים, שרידי אספלט ועוד, מורות על כך שייצורם והשימוש בהם החל בתקופות קדומות יותר (ובמיוחד מזמן התרבות הנאטופית ואילך). יתרונה של העדות הישירה הוא שהממצא ממערת נחל חֵמר מאפשר לנו להכיר ביתר דיוק את אופני הקליעה והאריגה, ייצור חוטי הפשתן, בניית כלי־קיבול מדופני אספלט, צורותיהם של כלי העץ ועוד.

החפצים הללו לא נעשו במערת חֵמר וגם החומרים מקורם במקומות שונים, קרובים או רחוקים יחסית לאתר. מבין אלה המצויים בטווח של 10–50 ק"מ מן המערה יש למנות את האספלט הנובע בקניון של נחל חמר עצמו, לא הרחק ממוצא הנחל אל בקעת ים המלח, וכן את אבן הגיר שממנה נעשו המסכות, הטין שממנו נעשו חרוזים ונטיפות, חלק ניכר מן הצמחים החד־פסיגיים והדו־פסיגיים (כגון אלון, אלה, רותם וכו') שמהם נעשו חוטים, חבלים, כלי עץ, חרוזים ועוד. הצור שממנו סותתו הלהבים זמין במרחק־מה מן האתר. העצמות ששימשו לייצור כלים נלקחו מבעלי חיים שניצודו או ממינים מבויתים שהיו בשליטת האדם. ממרחקים הובאו הערער האדום (מאדום), חרוזי האבן הירוקה (מקורם אינו ידוע), קונכיות מחופי הים האדום והים התיכון.

מרבית החומרים אינם זמינים אפוא בסביבתו הקרובה של האתר (ברדיוס של 5 ק"מ). ממצאים שמקורם בגידולים חקלאיים — הפשתה, גרעין של שעורה וגרעין של כוסמת — וכן העובדה שהמערה עצמה איננה מתאימה למגורים בהיותה חשוכה ומלאה גושי אבן, מחייבים פירוש מיוחד למכלול כולו. מערה בעלת פתח צר כזו, באזור המתאים לחניה עונתית קצרה של ציידים־לוקטים או רועים־ציידים או חקלאים־ציידים, עשויה היתה לשמש כמחסה לימים אחדים וכמחסן לזמן רב. הידיעה שהממצאים מקורם בארבע שכבות לפחות מקשה על מלאכת הפירוש. המגל, שנמצא בשכבה התחתונה, מצביע, למשל, על אפשרות שבשלב מסוים שימשה המערה כְּמחסן כלים לקבוצה קטנה שליקטה ענפים, זרדים, גבעולים וכו' לצורך עשיית חבלים וסלים, וייתכן שעסקה גם באיסוף אספלט והעברתו לאתר מרכזי כלשהו. העדרם של גרעיני דגנים בשפע מעיד שהמערה לא נמצאה סמוך לשדות חקלאיים. אך עיקר הנזק למערה ועיקר הקושי בפירוש נגרם מהשתכנות צבועים במערה.

בזהירות מירבית יש להצביע על כך שהממצא הבולט הוא הצירוף של הגולגלות המכוירות, המסכות, הצלמיות ושפע הקישוטים והתכשיטים. נראה שהמערה היתה בשלב מסוים מחסן לכלי קודש אשר שימשו בפולחן ניאוליתי כלשהו. בטקסים של חברות דומות בנות־זמננו נעשה שימוש רב בחפצים שחלקם בעלי אופי פולחני — כגון הגולגלות והמסכות, ואחרים אשר שימושם יומיומי — קשתות וחצים, חניתות, בגדים ועוד. בשלב זה של המחקר לא ניתן להרחיב את הפרשנות בנושא זה.

המכלול של מערת נחל חֵמר משויך מבחינה כרונולוגית לתקופה הניאוליתית הקדם־קרמית ב', ובמיוחד לאלף השביעי לפסה"נ. התכונות הכלליות של ממצא כלי הצור, הגולגלות המכוירות והצלמיות מצביעות על כך שהאתר הוא חלק מטריטוריה פרהיסטורית הכוללת את מרכז הלבאנט — הגליל ויהודה, עמק הירדן, רמת עבר־הירדן — טריטוריה אשר היתה מצפון לסיני ואדום ומדרום לסוריה. המגוון הרב של הממצא מאיר לראשונה את שיטות הטוויה, האריגה והקליעה של תקופה זו, מצביע על אופני דיפון באספלט שלא היו ידועים, על טיפוס כלי צור בלתי שכיח ומאפשר מבט נוסף על העולם הרוחני המגוון של בני אותה תקופה.

צרור קנים קשורים

מלאכת כתיבתו ועשייתו של קטלוג זה לא היתה מתאפשרת ללא עזרתם של מוסדות, חוקרים וידידים, שתרמו רבות הן לביצוע החפירות והן לחקירת הממצאים ושימורם.

בשמי ובשם שותפי לעבודת־השדה, ד׳ אלון, ברצוני להודות למנהל אגף העתיקות והמוזיאונים, א׳ איתן, שאיפשר לבצע את החפירות והבדיקות והתיר את פרסום התוצאות; לעובדי אגף העתיקות והמוזיאונים, א׳ קליגמן ור׳ כהן, שעזרו בארגון החפירות; לשרה בן־אריה, שדאגה לביצוע בדיקות רבות, לרישום הממצאים ולשימורם; לשותפי בחקר הממצאים — תמר שיק (מוזיאון ישראל), פרופ׳ ב׳ ארנסבורג (המחלקה לאנטומיה ואנתרופולוגיה, אוניברסיטת ת״א), ד״ר ש׳ דייויס (המחלקה לזואולוגיה, אוניברסיטת לונדון), ד״ר אלה ורקר (המחלקה לבוטניקה, האוניברסיטה העברית), ד״ר מ׳ כסלו (המחלקה למדעי החיים, אוניברסיטת בר־אילן), ד״ר כרמלה שמעוני וד״ר ר׳ יוקה (המכון לסיבים ומוצרי יער), ד״ר ע׳ ביין (המכון הגיאולוגי), ד״ר פ׳ גולדברג (המכון לארכיאולוגיה, האוניברסיטה העברית), על השימוש בתוצאות מחקריהם הראשוניים לצורך כתיבתו של סיכום זה; לאיירין סלה (לונדון), על עבודתה במחקר המיקרוסקופי של כלי הצור; לד״ר י׳ כרמי (המחלקה לגיאו־איזוטופים, מכון ויצמן), ד״ר ג׳ פוגל (מח׳ האיזוטופים, המעבדה הלאומית למחקר פיזיקלי, פרטוריה, דרא״פ), וד״ר ברלי (המוזיאון הבריטי), על תארוכי פחמן 14; למרינה רזובסקי, ד׳ ביגלאיזן, רחל בהרד (מעבדות מוזיאון ישראל), שעמלו בשימור הממצאים; ללאה עופר (מוזיאון ישראל), שסייעה בניתוח טכניקות האריגה; לתרצה מוטט ולמריאנה פומרנץ, שעמלו רבות ברישום וקיטלוג הממצאים המרובים; לז׳ רדובן וצילה שגיא, על צילומי החפצים בחפירה; ואחרונה חביבה, ד״ר תמר נוי, האוצרת לפרהיסטוריה, אשר רק הודות למרצה ולעידודה יצאה התערוכה לפועל.

תודתי נתונה למוסדות הבאים, אשר ללא תמיכתם לא היו החפירה, המחקר והתערוכה אפשריים: אגף העתיקות והמוזיאונים, תעשיות הפוספטים בנגב בע״מ, המכון לארכיאולוגיה באוניברסיטה העברית, החברה לחקירת ארץ־ישראל ועתיקותיה ומוזיאון ישראל.

עב״י

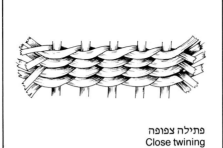

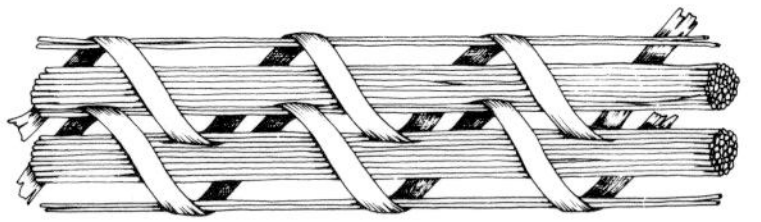

כריכה
Coiling

פתילה צפופה
Close twining

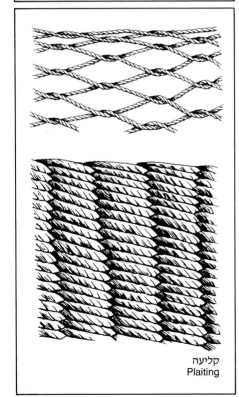

קליעה
Plaiting

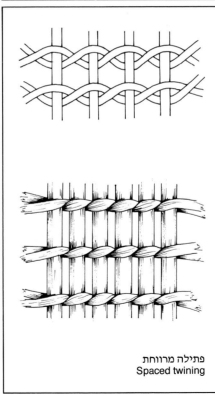

פתילה מרווחת
Spaced twining

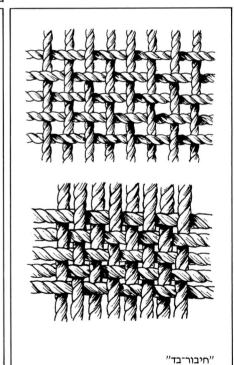

"חיבור־בד"
Tabby weave

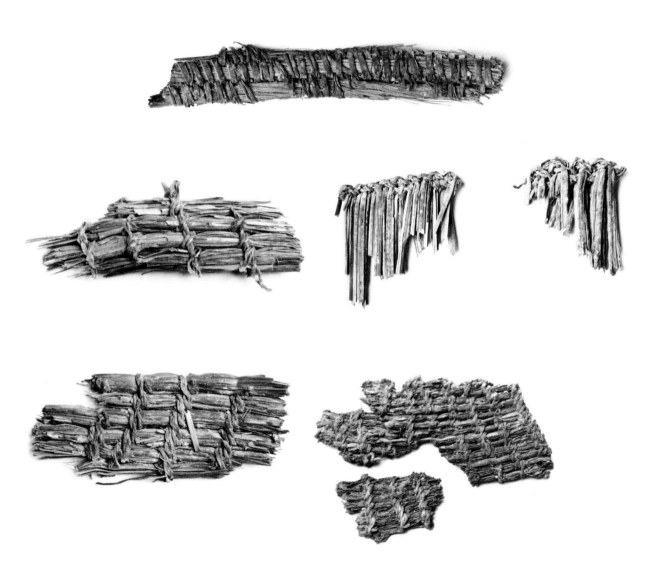

קטעי אריג בטכניקת "חיבור־בד", מהם צבועים
Fabric fragments made in the tabby technique, some dyed

ה"מפית" כפי שנמצאה בחפירה
The "napkin" as found in the excavations

תיק״ הקשרים כפי שנמצא בחפירה
The knotted "bag" as found in the excavations

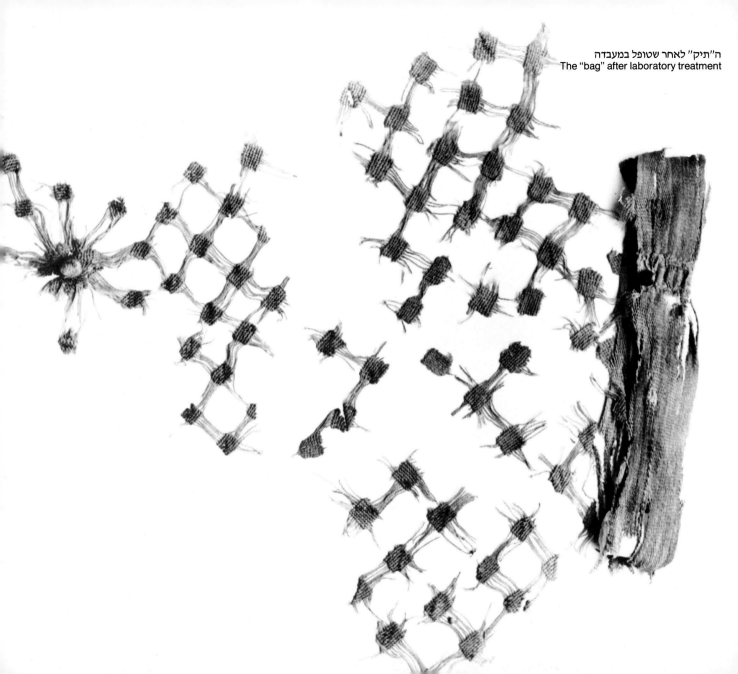

ה"תיק" לאחר שטופל במעבדה
The "bag" after laboratory treatment

 וו לתלייה או אבזם מעצם
Bone hook or buckle

מבחר כלי עץ
Various wooden tools

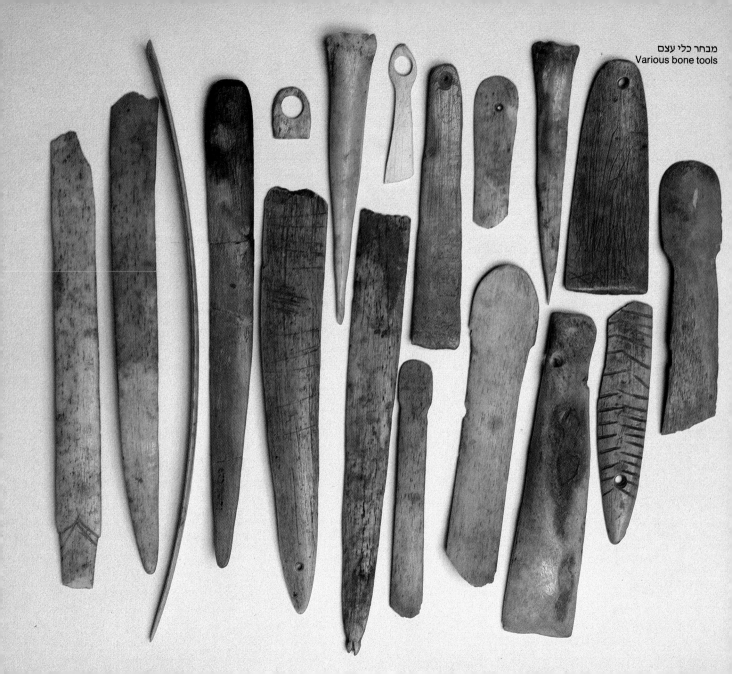

מבחר כלי עצם
Various bone tools

כלי צור ועליו מלופף חוט
Flint tool
wound around with thread

ראשי חצים
Arrowheads

מבחר כלי צור
Selected flint tools

מגוון חרוזים מעץ, טין וצדף
Beads of wood, clay and shell

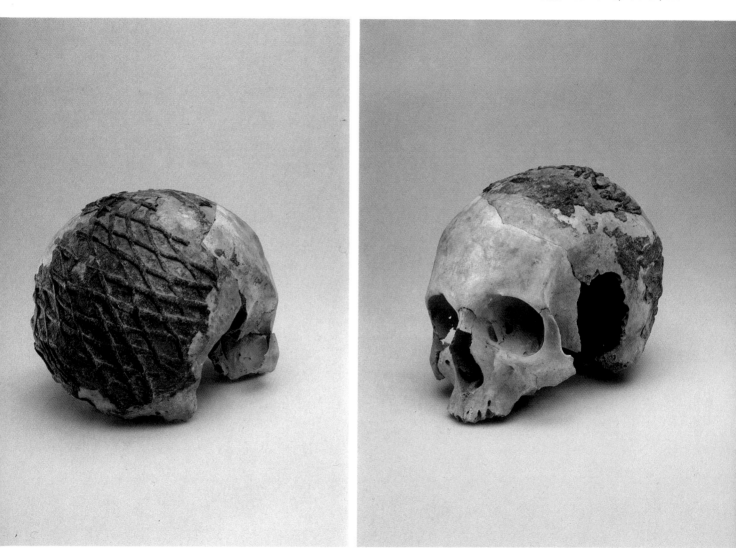

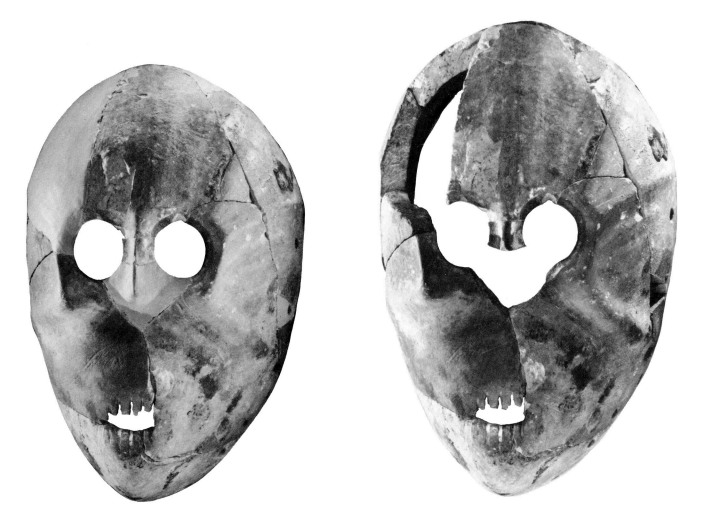

מסכת האבן משוחזרת
Reconstructed stone mask

מסכת אבן מעוטרת בצבע
Stone mask decorated with painted design

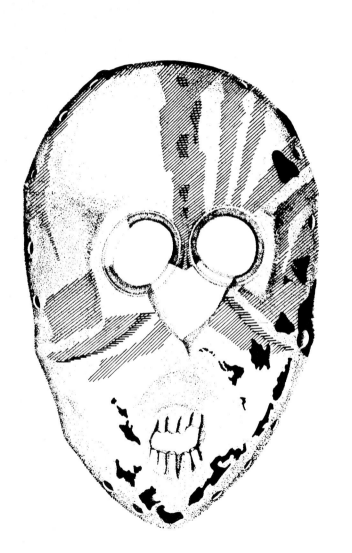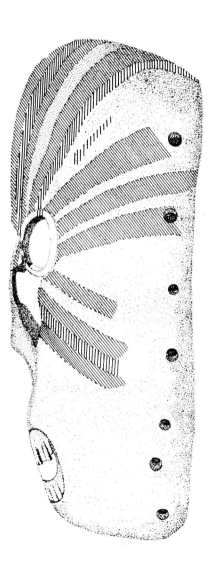

עין, קטע מפסל אדם
Eye, fragment of human statue

▷ צלמיות ראש אדם
Figurines of human heads

טביעות של קנים שהיוו שלד של פסל אדם
Impressions of the reed framework on which
human statue was constructed